Lb. 40.
1057.

agriculture

N.º X.

PROCÈS-VERBAL DE LA SOCIÉTÉ POPULAIRE DE POITIERS.

Séance du 10 Nivôse, an 2.ᵉ de la République une & indivisible.

———

A l'ouverture de la séance, qui a eu lieu dans la nouvele Salle du Collége, le Président a donné lecture de l'ordre du jour qui contenoit la nomenclature des Discours, des Chansons & des noms de leurs Auteurs. Duclos avoit la parole, mais n'ayant pas paru, le citoyen Desaux est monté à la Tribune, & a prononcé un Discours sur l'origine des Gouvernemens. Dollé a chanté des Stances sur la mort de Beauvais, Représentant du Peuple, présumé assassiné à Toulon, & à qui il est donné de jouir vivant de son immortalité ; la Musique est de Dollé ; ce Musicien est parfaitement entré dans le sens de la

A

piece, il en a bien faifi le caractere; fes couplets font coupés avec adreffe & femés de traits d'une profonde fenfibilité. Denefle a parlé fur les Arts les plus utiles à la Société, l'Agriculture, la Plantation des Bois, la Culture des Chanvres. Au commencement de fon Difcours il avoit réclamé l'indulgence de fes Auditeurs; ils n'ont eu befoin que de juftice pour applaudir, & l'intérêt de fon fujet n'a fait qu'ajouter à la fimplicité de fa diction. La citoyene Blaidon, invitée à chanter une chanfon patriotique, s'en eft aquitée avec beaucoup de graces & de goût. Maniguet a fuccédé, à la Tribune, à la citoyene Blaidon, & a fixé l'attention des Auditeurs par une Ariete à grand orcheftre à la gloire de Weftermann, des Troupes dites de *Maïence* & des autres braves Guerriers qui ont purgé la Vendée des brigands qui l'infeftoient. Le même a chanté une autre Ariete plaifante, d'un effet très-gai; les paroles de la premiere font du citoyen Maniguet. Le citoyen Gennet a eu la parole : *la Liberté* a été le fujet de fon Difcours, & fa divifion : *L'amour de la Patrie eft le fondement de la Liberté, l'amour de la Vertu eft fon plus ferme apui.* Au milieu de ce Difcours, fouvent interrompu par de juftes applaudiffemens, la citoyene Frémond a chanté des Stances fur la prife de Toulon, composées par fon époux; la citoyene Piorry l'a acompagnée avec fa Harpe : la touche légere & vraie du Compofiteur, le timbre argentin de la Cantatrice, la précifion & la délicateffe du doigté de l'aimable Virtuofe, ont partagé & mérité l'attention & les applaudiffemens de la Société. De l'agréable on eft retourné à l'utile. Le citoyen Gennet a dévelopé la feconde propofition de fon Difcours : *L'amour de la Vertu eft le plus ferme apui de la Liberté.* Les citoyenes Frémond & Piorry ont reparu avec avantage fur la fcêne : une Chanfon avec acompagnement de Harpe en a fait les frais. Le citoyen Chauveau l'aîné a prononcé une Ode poétique à la Raifon, remplie de grandes idées ; enfuite il a chanté des Couplets fur la prife de Toulon : Ces deux productions ont fait le plus grand plaifir. le citoyen Maniguet a terminé la féance par une Hymne à la Raifon. On doit juftement des éloges à l'Orcheftre qui a exécuté nombre de fort-jolis airs, & fur-tout une ouverture d'un grand effet, dans laquelle nous avons diftingué la partie de la flûte qui a été rendue avec précifion & goût.

Signés, PLANIER, *Préfident*; BRIQUET; CAILLAS; GIRAUD; DALESME, *Secrétaires.*

DISCOURS
DU CITOYEN
DENESLE.

Citoyen Repréſentant, Freres & Amis,

Les différens Orateurs qui, à la premiere Décade, mois Nivôſe, m'ont précédés ſi avantageuſement à la Tribune, ont tonés contre les ſuperſtitions religieuſes & les préjugés qui en ſont les ſuites; ils ont dans leurs pathétiques diſcours pulvériſé & foulé aux pieds l'Hydre toujours renaiſſant de l'idolatrie, ſource intariſſable de tous les maux de l'humanité dans tous les temps : ils vous ont ramené aux vrais principes, vous ont conduits dans les ſentiers de la vertu, & vous ont enfin ouvert le temple de la Raiſon : l'Univers, voilà ſon temple, votre cœur en eſt l'autel ; une fois arivés à ce port tant déſiré, qui doit faire le bonheur de tous. Nous devons nous rapeler qu'en parcourant la pénible câriere qui nous y a conduits, nous avons couru tant de hazards, nous avons rencóntré tant d'écueils, & échapé si difficilement au naufrage, que nous ne devons plus nous expofer à en courir de nouveaux. Pour éviter tout ce qui pouroit concourir à nous en exiler, je vais vous retracer le vrai moyen de parvenir à ce but.

Les moyens moraux vous font affez connus, ils vous ont été lumineufement dévelopés ; occupons-nous donc des moyens phyfiques ; voilà la tâche que j'ai entreprife de remplir ; je n'emploirai point pour y réuffir un ftyle oratoire & pompeux, ce genre eft au deffus de mes moyens ; mais dans un ftyle fimple & laconique, ftyle d'autant plus puiffant, qu'il fera marqué au coin de la vérité ; ftyle d'autant plus puiffant encore, qu'il eft le langage du vrai Républicain, & qu'il doit néceffairement fubjuguer votre opinion, & me concilier votre indulgence.

Citoyen Repréfentant, & mes chers Concitoyens,

JE dois vous rendre compte de l'emblême & du coftume que j'ai adopté lors de la Fête civique qui a eu lieu le 21 Frimaire, par notre réunion républicaine. La Charue que je me glorifiois de conduire, enlafée de guirlandes & de lierre, le Sarau dont j'étois revêtu ; tout vous défignoit l'Agriculture & l'Agriculteur. Art précieux ! tu nous rapeles l'état primitif de l'homme, qu'il n'eût jamais dû perdre de vue ; tu nous retraces les avantages précieux que tu réserves pour ceux qui te cultivent.

La Charue, cet Inſtrument ſi néceſſaire à l'Agriculture, ſi variée dans ſa forme, & dont le méchaniſme a tant exercé l'induſtrie de l'homme, ſert à ouvrir les entrailles de la terre pour s'en approprier les tréſors. Cette Mere bienfaiſante ne fut jamais ingrate à l'égard de ſes enfans ; c'eſt ſur-tout pour l'Agriculteur laborieux, & inſtruit des grands phénomenes de la nature, de la phyſique & de l'anatomie des végétaux, qu'elle ſe montre reconoiſſante & libérale, en le comblant de ſes dons :

La Charue fut le ſeul emblême que les Boſtoniens adopterent lorſqu'ils célébrerent la Fête qui devoit à jamais conſigner dans les faſtes de leur hiſtoire, le jour mémorable où ils reconquirent les droits impreſcriptibles de l'homme, la Liberté & l'Égalité.

Mes chers Concitoyens, nous tendons tous au même but, mais nous ne parviendrons jamais à aſſurer ſolidement les bâſes de notre État Républicain qu'en renonçant aux arts futiles & frivoles, qu'en abjurant toutes les jouiſſances fictives pour nous livrer à l'étude & à la pratique de l'Agriculture ; qu'en nous atachant ſpécialement aux ſciences & aux arts qui tienent de plus près aux beſoins de l'homme, qui étant de premiere néceſſité, ſont par cela même & les ſeuls dignes de l'attention du vrai Républicain.

Agriculture ! art précieux bien fait pour être déifié, pourquoi faut-il que tu fois de tous le plus négligé, quoique le plus utile ? Sommes-nous bien fondés à nous plaindre, d'après cela, de la difete des grains ? & fi nous fommes obligés d'appeler à grands frais nos voifins à notre fecours pour fubvenir à l'infuffifance de nos fubfiftances; n'eft-ce donc pas notre faute : le remede eft cependant fous nos ieux, que ne l'employons-nous, il ne faut que de la bonne volonté, & nous le pourons auffi-tôt que nous le voudrons fortement. Alors nos terrains mieux & plus fouvent labourés, amandés par des engrais qui leur feront appropriés, nos femences plus fouvent échangées, mieux choifies & mieux préparées, étant confiées au fein de la terre par les mains exercées d'un cultivateur intelligent, nous procureront des récoltes plus affurées & plus abondantes.

Nous nous plaignons de la difete des bois; c'eft encore notre faute. Le bois feroit à proportion & même au-de-là de nos befoins, fi l'on n'eut pas négligé de faire des plantations. Pour vous donner une idée bien frapante de la vérité de cette affertion, je n'ai befoin que de vous reporter aux environs de votre Commune, vous y verrez que les plantations auroient pu y être tellement multipliées, qu'elles euffent fuffi à notre confommation : jetez un coup d'œil fur les rochers qui nous environnent, vous y verrez des parties auffi bien arborées que le fite peut le permettre. Convenons donc, d'après cette obfervation, que fi, feulement depuis un fiecle, on eût fait des plantations fur toutes les parties qui en font fufceptibles, ou même qu'on n'eût pas détruit celles qui exiftoient alors, nous aurions aujourd'hui d'immenfes quantités de bois fous notre main, & nous n'éprouverions pas la pénurie qu'occafionent l'éloignement, la difficulté des routes, & plus que tout encore, la prefqu'impoffibilité du tranfport. Voilà donc encore un de nos torts bien prononcé ; il ne peut pas trop nous être imputé perfonélement, j'en conviens avec vous, mes chers Concitoyens, qu'il foit donc au moins pour nous une utile leçon, & qu'il nous faffe enfin ouvrir les ieux fur nos vrais intérêts; hâtons-nous d'arborer tous les monticules pelés qui attriftent nos âmes & choque la vue de l'homme inftruit, qui gémit de voir leur inutilité.

Quel arbre, me direz-vous, admettrons-nous dans ces fortes de plantations ; je me hâte de vous répondre qu'il vous fuffira de confulter la nature, cette Mere toujours libérale, toujours vraie, vous en dira affez, elle vous indiquera bien mieux que tous nos Cultivateurs de cabinet, les arbres déja naturalifés; elle vous marquera ceux qui s'y font aclimatés, ceux enfin que l'art y a planté, dont la réuffite eft bien caractérifée, elle diffipera alors toute efpece de doute. J'ofe vous le promettre (ce ne fera pas en vain que vous le confulterez), ce grand livre; c'eft lui feul que l'homme agricole doit lire, & jamais il ne l'induira en erreur. Nous avons de plus dans notre voifinage un moyen afſuré de ſuppléer à la difete du bois, puifqu'il exiſte à Croutelle & Fontaine-le-Comte, des Mines de charbon de terre, & que, fans doute, dans d'autres cantons circonvoifins, on poura en découvrir encore ; il eſt en effet conſtant que, depuis très-long-temps, il y exiſtoit, ou exiſte un Maréchal du pays qui connoiſſoit une de ces Mines, qui n'a pas ceſſé de l'employer utilement.

Le citoyen Alexandre, inſtruit de ce tréfor perdu ou prefque ignoré, réveilla, il y a quelque temps, la follicitude de nos Adminiſtrations à ce fujet; le fuccès n'eût pas manqué de couroner cette précieufe découverte, ſi l'impofſibilité de diſtraire des fonds déja reconus infufſifans n'eut pas forcé les Adminiſtrateurs, toujours occupés du bien public, d'y renoncer dans le moment préfent. C'eſt donc aux Légiſlateurs que nous devons nous adreſſer, & c'eſt à toi, Citoyen Repréfentant, qu'au nom de la Société & du Souverain, je te follicite, je te preſſe de vouloir bien t'en occuper à ton retour dans leur ſein. Cette Commune qui t'a vu naître, tes Concitoyens qui la compofent, fe complaifent à croire que tu veux leur bonheur, & que tu ne négligera rien pour le leur procurer. Ils te demandent, ainſi que moi, de prendre cet objet en très-grande confidération. Les dépenfes qu'exige une pareille exploitation ne peuvent être faites que par les ordres des Mandataires du Peuple ;

c'est à eux que par ton organe nous leur adreſſons nos réclamations.

Le Bois n'eſt pas la ſeule production dont nous ayons à regréter la rareté. Les chanvres & lins qui ſe récoltent ſont beaucoup au deſſous de nos beſoins ; pourquoi cette pénurie ? c'eſt encore notre très-grande faute ; n'avions-nous pas des marais & des étangs à deſſécher ? Ils n'atendoient que cette ſalutaire opération pour nous donner les plus abondantes récoltes. Félicitons-nous donc de ce que nos Repréſentans, toujours occupés de notre bonheur, vienent d'en décréter les deſſéchemens & défrichemens. L'expérience atteſte que ce ſont les terrains les plus appropriés pour ce genre de culture. Le ſeul Étang du ci-devant Saint-Hilaire, ſi fameux dans l'hiſtoire, fourniroit une quantité immenſe de cette production de premiere néceſſité, ſoit pour notre uſage ou celui de la Marine. Il en réſulteroit un autre avantage qui n'eſt pas moins important : ce terrain cultivé n'exhaleroit plus un gaz inflammable, des miaſmes méphitiques & mortels pour ceux qui l'avoiſine ; l'air ambiant n'en ſeroit plus infecté, & nos freres dont les habitations l'avoiſinent, reſpireroient un air pur, & ne ſeroient plus tourmentés par des fievres périodiques qui provienent eſſentiélement de cette localité. C'eſt un objet, Citoyen Repréſentant, qui doit occuper ton humanité : la ſollicitude, l'amour que tu portes à tes ſemblables, tout nous répond de ton zele, tu t'empreſſeras de faire ceſſer ce fléau ; il n'eſt pas néceſſaire de t'en conjurer au nom de tes Concitoyens.

Les bornes de ce Diſcours ne me permettent pas d'entrer dans tous les détails que préſentent les cultures variées dont le ſol du Département de la Vienne eſt ſuſceptible ; une partie de mes vues à cet égard eſt déja conſignée dans pluſieurs mémoires préſentés à l'Adminiſtration , & renvoyés au Comité de bien public, *il y a déja plus de trois mois*. Quoique depuis ce temps je n'en aie eu aucune nouvele, je ne me ſuis point découragé, je le dirai même, ſans craindre d'être taxé d'amour propre. Dans l'obſcurité & le ſilence de la nuit, je m'occupe d'objets utiles pour le lendemain, & je crois avoir rempli ma tâche de Citoyen ; lorſque j'ai approché de mon but ; je l'avouerai, ma ſatisfaction ſeroit complete, ſi je n'avois pas, malgré moi, l'appréhenſion de voir mes travaux devenir infructueux, par l'oubli auquel on paroît les condamner tous : ſemblable à la voix de l'homme qui crie dans le déſert : *Vox clamantis in deſerto.* Ne ſerai-je donc entendu de perſone ?

Ho ! mes Concitoyens, ſoyons Agriculteurs, ou devenons le ; livrons-nous entiérement à cet art utile, que nous n'aurions jamais dû abandoner. Parmi les avantages inapréciables que nous en retirerons, je dois compter celui de jouir d'une ſanté robuſte, de faire revivre parmi nous ces mœurs pures qui diſtinguent les vrais Républicains. Pour vous démontrer cette grande vérité, je n'ai beſoin que de vous répéter ce que Ciceron difoit à fon fils, en lui parlant de l'Agriculture : *Ex quibus aliquid requiritur , nihil eft Agriculturâ meliùs , nihil uberiùs, nihil dulciùs , nihil homine libero digniùs.*

De tout ce qui peut être entrepris ou recherché, rien au monde n'eft meilleur, plus utile, plus doux, & plus digne de l'homme libre, que l'Agriculture.

Xenophon dit qu'elle nâquit avec la Loi & les Sociétés.

Nos Patriarches bien différens, fous tous les raports, de nos Miniftres actuels, en faifoient leur principale occupation ; la durée de leur vie, la douceur & la pureté de leurs mœurs atteftent la vérité de ce principe. Du temps des Romains, les Grands Hommes appelés aux premieres charges de la République, quitoient la charue pour aller les remplir, & s'empreffoient de la reprendre après avoir fervi la Chofe publique ; le maniment des afaires, & fur-tout la direction des fillons étoient leur genre de vie & leur principale occupation : ils confidéroient l'Agriculture comme la premiere fcience de l'homme & la plus effentiele ; ils lui rendoient hommage, comme étant, en même temps, le principe de la fageffe, parce que c'eft d'elle que découle le vrai bonheur, & qu'elle eft la richeffe la plus affurée de toutes les Républiques.

Que puis-je ajouter à ces réflexions, mes chers Concitoyens, pour vous donner la conviction la plus complete ? Vous adreffer les mêmes paroles que

Columelle adreſſoit aux Romains, lors de la décadence de l'Empire, ſuite néceſſaire & inévitable de l'Agriculture trop négligée de ſon temps.

„ Je ne penſe pas, leur diſoit-il, qu'on doive
„ attribuer les diſetes qu'on éprouve à l'intempérie
„ des ſaiſons, mais plutôt à notre faute. Nous avons
„ abandoné le ſoin de nos terres (comme ſi elles
„ étoient coupables de quelque grand crime) à
„ des eſclaves ou à des mercenaires, tandis que nos
„ ancêtres ſe glorifioient de les faire valoir par eux-
„ mêmes. Quand je conſidere d'un côté que ceux
„ qui veulent apprendre à bien parler, choiſiſſent
„ un orateur dont l'éloquence puiſſe leur ſervir de
„ modele; ceux qui déſirent s'appliquer à la
„ danſe, à la muſique, cherchent avidement un
„ maître de chant, un maître de goût; chacun
„ choiſit le meilleur maître pour faire des progrès
„ rapides ſous ſa direction; au lieu que l'art le
„ plus néceſſaire à la vie, & qui tient de plus
„ près à la ſageſſe, n'a ni diſciples qui l'appre-
„ nent, ni maîtres qui l'enſeignent. J'ai cependant
„ vu encore établir des écoles de rhéteurs, de
„ géometres, de muſiciens, des maîtres pour
„ enſeigner l'art dangereux d'apprêter les mets de
„ la maniere la plus attrayante pour ſatisfaire la
„ gourmandiſe; des maîtres pour ajuſter les che-
„ veux pour les têtes; au lieu que je n'ai jamais
„ vu établir d'Inſtituteurs pour l'étude des Plantes
„ & de l'Agriculture. „

Ce que Columelle diſoit aux Romains, je crois

être en droit de l'adreſſer à mes Concitoyens. Il eſt aſſez ſingulier que du temps de Columelle, les Romains ayent eu le même goût pour les arts inutiles, & la même inſouciance pour les bons établiſſemens. Il eſt bien à craindre que deux ſiecles qui ſe reſſemblent ſi fort pour le luxe & l'amour des ridicules frivolités, ne ſoient encore en raport pour les ſiecles qui doivent ſe ſuccéder ; une cauſe générale a toujours des effets au moins analogues.

Je dirois aux inutiles égoïſtes : ô vous riches habitans des cités, que l'ennui pourſuit perpétuélement au ſein du luxe & de la moleſſe ! Voulez-vous goûter de nouveles jouiſſances ? quitez vos lambris dorés, abandonez les vaines intrigues de l'ambition ; venez dans nos riantes campagnes, vous y reſpirerez un air pur ; & ſi vos cœurs blaſés peuvent encore s'ouvrir à des plaiſirs ſimples, vous y trouverez la vraie félicité ; nous vous aiderons de nos conſeils ; vous ferez de votre fortune le plus beau comme le plus utile emploi ; & par cette combinaiſon de moyens, vous attirerez ſur vous les bénédictions d'un Peuple qui, depuis long-temps, ne vous connoît que par votre faſte & l'inutile opulence qui vous fatigue, ſans vous procurer les vraies & ſeules jouiſſances dignes d'un citoyen riche.

Je me réſume & n'ajouterai qu'une réflexion pour terminer cet aperçu ; j'inſiſterai ſur ce que j'ai déja dit plus d'une fois à la Tribune des Jacobins, que la Botanique & l'Agriculture ſont tellement liées entr'elles, qu'elles ne peuvent être isolées; que ce font enfin deux sœurs dont la division opéreroit la subversion de l'Art le plus utile à la Société; & que, d'après ces considérations, les Établissemens relatifs à ces deux Sciences ne sauroient trop être protégés & alimentés dans un Gouvernement Républicain.

Vive la République & l'Agriculture.

De l'Imprimerie de BARBIER.